HEUTIGE LYRIK

Călin Vlasie
Virtuell
Buch 1: Eingeloggt
Herausgegeben und übersetzt von **Christian W. Schenk**
ISBN: 9798879269567
DIONYSOS – 2024 Boppard am Rhein

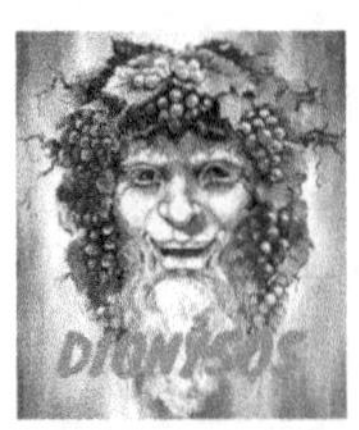

călin vlasie

VIRTUELL

Buch 1. Eingeloggt

DIONYSOS

**[# so verstehe ich – dass wir neue Sprachen
schaffen werden]**

so verstehe ich es – dass wir neue Sprachen
schaffen und die Worte
        beiseitelassen können
und das poetische Gefühl
        wird weiterhin bewegende
        Gefühle aussenden.

eine Nach-Sprache wie Bilder aus einer Höhle.
die Worte sind Klauen
die mir die Augenlider ausreißen

I. intubierter Engel

[# es ist ein roter Himmel]

es ist ein roter Himmel
jenseits des Kirchturms
Moz stieg hinab
      auf der skulptierten Straße
      in roter Finsternis
das riesige Tier
      mit Feueraugen

[# die Raben haben ein Nest gebaut]

Die Raben bauten
        im Nebel ein Nest
gelöst von Walnusszweigen
wie schwarze Schleuder
        die Stückle aus
        meiner Seele werfen

[# ich habe das Tor entdeckt]

Ich habe das Tor entdeckt
  wo Moz tritt
  in unseren Hinterhof
im Bild hinein
  weit weg
  sind die weißen Angstberge

[# sogar auch er]

sogar auch er
        in seiner elektrischen Gondel
        blieb erstarrt
        in den Ästen der Ulmen

[# elihé! elihé! intubierter Engel]

elihé! elihé! intubierter
Engel jenseits des Netzes
      es sind Bündel,
die unser Gesicht bedecken

[# du bist in der strömenden Flüssigkeit]

du bist in der strömenden Flüssigkeit
        unter weichen Steinen
im Hologramm in das du versinkst

[# drunter sind Plantagen]

Unten sind Schierling
        Plantagen
und darüber
        klebrige Strahlen
du bist auf einen Schlammberg geklettert
glaubend, dass auf dem Gipfel
        wirst einen See mit
        klarem Wasser finden

[# du sahst, dass Moz]

du sahst, dass Moz
        kam mit dir
im Bus Richtung
        Süden
sie mögen den Süden nicht
sie glauben, dass
        es zu flüssig ist
der frostige Morgen

[# ich lese aufmerksam]

ich lese aufmerksam
aber der Prospekt
        überzeugt mich nicht,
dass das Gerät funktionieren wird
        auch dann, wenn
        ich werde die dunkle Seite
        des Raumes erreichen

[# elihé! elihé! Verstell dich nicht]

elihé! elihé! Verstell dich nicht,
     als ob du nicht unter uns leben würdest
     auf der Bruder-Golestistraße
zwischen verstrahlte
     Büchern!

[# entflammte Hyazinthen und Schneeglöckchen]

entflammte Hyazinthen und Schneeglöckchen,
neben dem Walnussstamm
    hinabgestürzt über
    meinen Gedichten

[# auf die Straßen voller Menschen]

auf die Straßen voller Menschen:
        ein dröhnen in meinem Kopf
wie man Steine ausladen würde
        von der Ladefläche eines Muldenkippers

[# in meinem Raum ist nicht erforderlich]

in meinem Raum ist nicht erforderlich
        ein Schlüssel von Moz
        und auch kein starkes Passwort
um dich besser
        zu verstecken

[# im Internet-Messenger]

Im Internet Messenger
        die Morgen scheinen
        eine Wiederholung
und nachdem du deinen Kaffee getrunken hast,
        stürzt dich in die
        Fiktion hinein

[# elihé! elihé! die Tastatur ist betäubt]

elihé! elihé! die Tastatur ist betäubt,
     die Finger schlagen
     steife Trommel
der Lautsprecher reißt die Trommelfelle
aber wir können uns unter
     den Tasten verstecken

[# es ist vielleicht Herbst]

es ist vielleicht Herbst
kaum ist der Himmel zu sehen
        und die Körper sind kleiner
ich weiß nicht wer den Garten verpixelt hat
und wer zieht Mahagonilinien
        über Eschen und Buchen

[# sie haben ihn mit ihren Stimmen verjagt]

sie haben ihn mit ihren kommerziellen
Stimmen verjagt
        monoton und ohne Echos

es ist ein virtueller Gott
all seine Liebe
        tröpfelte
        in Erlenstämme
wir werde entlang dem Wasser gehen
und werden die Stämme der Erlen küssen

[# ich verneige mich demütig]

ich verneige mich demütig
     als wärst du eine Vestalin
mit deiner heiligen Seele
     umhülle ich mich
heute alle Gebete schmerzen mich
als ob du mir in die Nerven heiße Pech
     gießen würdest

[# ich versuch wieder zu erleben]

ich versuch wieder zu erleben,
     die Tage als wir stundenlang
     an den Ferngesehen verbrachten
jenseits der Lichtschranke
     wo die Traumwelt beginnt

[# elihé! elihé! Ich wünschte ich wäre]

Elihé! Elihé! Ich wünschte ich wäre
    menschlicher
um zu verstehen warum du
    vor dem Spiegel weinst, wo
    du deine Einsamkeit siehst

[# jeden Morgen]

jeden Morgen
        die Nachbarshunde
kommen zur Tür und knurren
        wenn sie uns sehen
es sind rote Bilder
        stark vaskularisiert

[# erzählen, dass möchte ich]

erzählen, dass möchte ich
  wie ich ein sprechender
  Pixel geworden bin
eine Fleischwolke
die unter euren
  Augen sich schüttelt

[# nur meine Vorstellungskraft kann heilen]

nur meine Vorstellungskraft kann heilen
        alles was höllisch ist
der Regen kommt aus der Erde
und bricht in den Himmel
die Sterne sind schwarze Punkte
auf einer weißen Tischdecke
die Geschichte steht Kopf
wenige verstehen was passiert
nichts ist vorherbestimmt
die Eltern lehrten uns Gefahren zu spüren
sie sagten uns nichts
über die Welt jenseits der Buntglasfenster
        mit schwarzem Rauch
der Rauch mit dem wir die Glasscherben
verdunkelten
        durch die als Kinder die Sonnenfinsternis
        auf dem Schulhof beobachteten

man sagte uns, dass die Abwesenheit von Rauch
uns erblinden würde

wir zerbrachen das Glas der Wände
und erblindeten

II. jenseits des Landschafstrandes

und als Gott kam nahm mich wie einen Sprössling
in seine Arme

[# Wörter sind]

Wörter sind
        so einfach wie möglich
        so einfach um zu verstehen
sonst wofür ist nützlich
        die gesamthafte
        Erzählmaschinerie?

[# ich habe zerrissen]

ich habe zerrissen
        alle farbigen Schilder
        hinter deinem Rücken

du bist eine phosphoreszierende Spur
        die jenseits der Hochhauslinie hinausreicht

[# ein paar Minuten bist gesunken]

ein paar Minuten bist
    in den Seiten
    die die Straßen
    und der kleine Park in Zentrum
    mit einem Vorhang aus Buchstaben
bedecken gesunken
    die du nicht erkennst
und aus dem du fehlst

[# wir zwei haben uns nicht gesehen]

wir zwei haben uns
        nie gesehen
elihé – schreie ich!
ich weiß nicht was elihé bedeutet
manchmal ein einfacher Schrei
        es kann eine Möglichkeit sein
uns zu kennen
        um etwas zu glauben

[# sie haben sich nicht mehr getroffen]

sie haben sich nicht mehr getroffen
       doch sie haben Erinnerungen
       so übereinstimmend
sind die gleiche Seele
       gerollt
       auf den Stufen derselben Straßen

[# nichts kehrt mehr zurück]

nichts kehrt mehr zurück
nur das was von nun an
        hinzugefügt wird
wird dein Herz füllen

es fließt in dir in dein
tiefes Herz hinein

[# drunter ein Aquarium]

drunter ein Aquarium
und im Aquarium
        meine Erinnerungen
müde im so grünen
Wasser schwimmend

[# man braucht etwas so Einfaches wie möglich]

man braucht etwas so Einfaches wie möglich
etwas dass in aller Munde ist
    aber nicht was platt-banal ist
im Gegenteil – tiefgründig und einprägsam
sodass man sagen kann:
    als ob ich es geschrieben hätte!

[# ich atme ruhig]

ich kann nicht die ganze Luft einzuatmen
es passt nicht mehr hinein
in der unsichtbaren Höhle die
        schwillt von Tag zu Tag an,
bis es platzten wird
        in Gott wirren Bart
wie ein aufgeblasencr Ballon von einem
unvorsichtigen Kind

[# die Statue von Mircea dem Älteren[1] besteigen]

kannst die Statue von Mircea dem Älteren
    vor dem Rathaus
    oder am Kreuz auf Caraiman[2] besteigen
solltest darüber nachdenken ob vielleicht
    hast dein Flugappart zu Hause gelassen oder
vielleicht die kleinen Tannenbretter
    direkt an die Hände gebunden
    von der Schulter bis zum Handrücken

---

[1] **Mircea I. cel Bătrân** war einer der wichtigsten Woiwoden der Walachei. Sein Name bedeutet im modernen Rumänisch *„Mircea der Alte"*, aber die ursprüngliche Bedeutung des Namens ist *„Mircea der Ältere"*. Er war der Sohn des Woiwoden Radu I. und seiner Frau Calinica, die aus einer Adelsfamilie stammte. Seine Herrschaft dauerte von 1386 bis zu seinem Tode.

[2] **Die Caraiman**-*Spitze* ist ein 2384 m hoher Gipfel im *Bucegi-Gebirge* (Munții Bucegi) in den rumänischen *Südkarpaten* (Carpații Meridionali). In dem östlichen Bergmassiv der *Transsilvanischen Alpen* ist der Berg einer der höchsten, bekannt wegen des *Crucea Eroilor*-Denkmals (zu deutsch: Heldenkreuz), unter dessen Gipfel sich die Kleinstadt Bușteni im Nordosten des Kreises Prahova befindet.

[# Moz wird verwüsten]

Moz wird verwüsten
     deine zerbrechliche Seele
in dem du immer wieder Lumpen und
     übriggebliebenes Erbrochenes stopftest

[# ich werde der Zukunft nicht entkommen]

Ich werde der Zukunft nicht entkommen
die Gegenwart dreht sich
        wie ein Kreisel
es wird dunkel
in wenigen Minuten wird ein Zug wegfahren
die Vergangenheit schüttelt ihre Asche ab
        in recyceltem Mondwasser

[# die Poesie raubt dein Verstand]

die Poesie raubt dein Verstand
eigentlich wer sieht dich an
wer verknotet dir den Hals
      so, dass du nicht mehr atmen kannst?
es ist nichts Anmutiges
      es ist nur ein langer
      Schmerz
es lohnt sich nicht in 8B einsteigen
      und am Friedhofstor aussteigen
auch noch die winzige Sim-Karte des Telefons
      in Gehirn implantieren
was kannst du zwischen den Tod
und endlosen Gesprächen wählen?

[# möchtest wissen, was Jenseits ist]

möchtest wissen, was Jenseits
    des Landschaftsrande ist
wir sind in einer riesigen Glocke voller Luft
    in eine unendliche
    Vakuumtasche
wessen Tasche ist das?
die von einer Glocke voller Tau
    beleuchtete Höhle
diese Höhle vom Stern
    deines Schuhs beleuchtet

[# es ist nicht das erste Mal, wenn]

es ist nicht das erste Mal, wenn
      die Verzweiflung schleicht
      in dein Zimmer ein

**[# was denkst du, wird der Sturm
beginnen?]**

Was denkst du, wird der Sturm beginnen?
Unmengen von Wolken haben deine Augen bedeckt
    sie widerspiegeln sich in deinem Gehirn
    wie bedeutungslose mathematische Formeln
    scheinbar ohne Sinn.
Was für eine Nacht bei vollem Tag!

[# du willst schwimmen]

du willst bis zum Ufer
        schwimmen
willst die Straße überqueren
willst alle Stockwerke steigen
das Ufer ist illusorisch
auch die Straße scheint nicht real zu sein
die Stockwerke lösen sich von den Wurzeln
        der Pflanzen und Bäume ab
und füllen dein Gedächtnis
        wie ein unendliches Museum
in dem die Exponate lösen sich von den Hüllen

[# fertig! kannst weggehen]

fertig! kannst weggehen
Moz gab uns dezent ein Zeichen
und du wurdest zu abgründigem
        Sand,
dass hast du dir gewünscht –
        um alles verdecken zu können,
die Erlebnisse sind nicht mehr zu sehen
ein paar kubische Steine
        mit Moos bedeckt

[# wir könnten mehrere Sprachen sprechen]

Wir konnten in vielen Sprachen sprechen,
wir könnten tun
      im selben Regenbogen der Phrase
      mehrere Wörter
      aus möglichst vielen Sprachen
wir könnten auch unsere Sinne vermischen?
Glaubst du wir werden erlöst?
Wir starren auf unseren eigenen Abguss
als würden wir ein UFO betrachten

[# wir haben uns etwas zu erzählen]

wir haben uns etwas zu erzählen
von meinem Fenster
        vermitteln wir uns Gefühle und Gedanken

rund um die Wanduhr wird
        verengt sich der Raum
es bleibt nur
        das Fenster durch das du mich ansiehst
die Zeit verengt den Raum
wir drängten uns beide an den einen ewigen Punkt

[# mein Programm über die Poesie]

mein Programm über Poesie
          begann mit einer Beschreibung
          eines riesigen bläulichen Gehirns,
dass man morgens an einer
Kreuzung mit Damp Hochhäuser sieht

Alle Hochhäuser der Stadt scheinen
          aus Dampf zu bestehen
und Menschen sin vom Dampf gezeichnet die Luft
ist ein Fenster, das Kälte von Wärme trennt,
jenes Hirn verwandelt sich in einen Dampf
          dass in dich hineindringt

[# etwas hat sich geändert, weil die Art]

etwas hat sich geändert, weil die Art,
      wie ich mich selbst sehe
      ist anders.
Bis gestern die Leute schauten sich
      durch einen Sucher an
nur eine Million Sucher auf dich gerichtet
      von einer Million Punkten können dich
      so beschreiben wie du wirklich bist

[# überall sehe ich nur]

überall sehe ich nur
        dein Schatten
spielend auf weißen Wänden
seitdem Sonnenaufgang –
ein stimmloses
        Leiden

III. Eingeloggt

**[# ich könnte sagen: ich bin eine aktive
Summe]**

ich könnte so sagen: Ich bin eine aktive Summe
      winziger Teilchen
alle zusammen bilden meine Psyche
diese Partikel könnte man *Psychone* nennen
und wenn ich ein *Psychon* unter das Mikroskop tue
      werde einen Bruch
      aus meinem Leben finden
mehrere *Psychos* geben den Sinn eines Tages
zum Beispiel den Tag an dem *ich du* war
ich stützte mich auf das warme Gefühl des Abends
      auf das Wunder des Abendsterns
      und dem Triller der Nachtigallen im Park
du nahmst die Form meines Freudengefühls
das mit deiner weichen Haut verschmolz
mit deinen verlorenen Augen
      in einem blauen Feld verloren

[# du hast kein Schlaf mehr]

du hast keinen Schlaf mehr
    wirst denken
    dass du mit dir selbst sprichst
    jedes Mal
    wenn du rollen wirst
    auf dem Algenteppich im Gehirn
    unter dem Lungendach
    des Herzens
    und den Zähnen die große Blutstücke
    aus den schwarzen Wänden reißen
    zwischen denen Zuflucht gesucht hast
    ohne zu wollen
es wird genug sein
wirst dir kein anders Paradies wünschen

[# deine *Psychos* saugen alles auf]

deine *Psychos* saugen alles auf
hast auf deine Netzhaut
        ein Mund das durchbricht den Schädel
        durch die Augenhöhlen tätowiert

**[# du bist nicht mehr das Schweigen das
Labyrinth verengt sich]**

du bist nicht mehr das Schweigen das Labyrinth
verengt sich und projiziert dich
über der der Berglinie hinaus

[# man spürt den Wind nicht mehr]

man spürt den Wind nicht mehr
die Vögel erstarrten auf den Zweigen
die Autos verkeilten sich in der Luft Wand
der gepflasterten Straße
alle Bilder wurden stummgeschaltet
die Sekunden vergehen
sie sind nicht stark gcnug
      um mich in denen Körper zu werfen

**[# sind schwere *Psychos*, die dich
zerquetschen]**

es sind schwere *Psychos*, die dich zerquetschen
aber du bist ein Heilmittel gegen Hass
und Hoffnungslosigkeit

[# nein, ich werde dich nie lassen]

nein, ich werde dich nie lassen
        wegzugehen
der Stolz hilft nichts
ich liebe nur dich
        ohne zu wissen, dass
        alle Tage
        dein Gesicht haben

[# ich werde mich von dir führen lassen]

ich werde mich von dir führen lassen
wir werden den richtigen Weg gehen
     wo es keine Erdbebengefahr gibt noch
     von den Atomen mit denen die Verrückten
     uns drohen zu injizieren
     in dem Muskel jeder Sekunde
     wo die Angst verschwunden ist
wo Briefmarken mit Moz' Kopf
in Öfen auf Kreisverkehren brennen

[# wie soll ich diese Bilder loswerden]

wie soll ich diese Bilder loswerden
    so erbärmlich die wie Läuse
    aus meinen Erinnerungen springen?
ich werde mir die Augen ausstechen
ich werde einen Staubsauger an mein Hirn binden
und werde den ganzen Müll
    in einer stellarcn Bleikapsel vergraben

[# was für eine lange Jahreszeit!]

was für eine lange Jahreszeit!
Du bist ein Kind das
        in einem Gipskorsett lebt
damit sein Watterückgrat
        nicht brechen soll

[#, dass musst du tun]

das musst du tun:
genau sagen was du fühlst und denkst als würdest
du einen elektronischen Körper offenlassen und die
          Augen jenes Körpers würden alles filmen
die Nase würde alle Gerüche riechen
die Ohren würden alle Geräusche wahrnehmen
und die Hände würden das Gewand Jesu streicheln

es gibt nichts vorgetäuschtes Metaphorisches
alles ist eine Fortsetzung des Weges
          in deinem Körper begonnen
und die verschwinden wie Aufhängepunkte
oder besser gesagt wie der Anfang eines Gedichts
in dem nichts falsch ist und nichts sitzt
in einem peinischem Elfenbeinturm

der Anfang des Gedichts ist der Anfang der Emotion
          verborgen in deinem unsichtbarem Körper

[# ich möchte in einer Drohne nisten]

ich möchte in einer Drohne nisten
oder einem reisenden Storch
ein länglicher Storch wie ein Gemälde von
domênikos theotokópoulos[3]

Vielleicht ist sogar das Auge Gottes so groß wie
     der Himmel auf meiner Straße
oder vielleicht das Bild der Straße, in der ich lebe

---

[3] **El Greco** * um 1541 in Candia auf Kreta; † 7. April 1614 in Toledo; eigentlich **Domínikos Theotokópoulos**, war ein Maler griechischer Herkunft und Hauptmeister des spanischen *Manierismus* und der ausklingenden *Renaissance*.

[# woher kommt soviel kälte?]

woher kommt soviel kälte?
Bedecke mich mit dem Papier der
                    Bibliotheksbücher
        mit der dicken Buchstabendecke
du kannst *O* mit einer Lampenblut anzünden
es wird uns leuchten und wärmen, und die Dämpfe,
die aus unserem Mund herauskommen
        werden dicker und wärmer sein
        wärmer und besser getarnt
so dick
in der Kälte, die durch die offene Tür
        meiner Seele
        der Buchstabens U zischt

[# ich verdrehe langsam die Augen]

ich verdrehe langsam die Augen
ich schaue rechts und was links ist, läuft weg
ich schaue herunter und was im Himmel ist
          verschwindet
die Brillengestelle sind Ufer
     zwischen denen alle Bilder
     die das bewegte Bild des
kleinen Ozeans aus leuchtenden Punkten
komponiert, laufen
und auf dieser Seite in dem du schwimmst
     überschwappt
ohne zu wissen was sich in der Tiefe verbirgt

[# eine virtuelle Reise]

eine virtuelle Reise
es könnte nicht besser sein
ich öffne meinen Laptop und wähle aus
was mir in den Sinn kommt
ich habe keinen konkreten Plan doch möchte ich
        überall herumstöbern
Google Maps bedeutet Räume Richtungen
        und ein ununterbrochener
        Verkehr
ich bin überall
ich habe das Gefühl nicht geboren zu werden,
        nicht geboren wurde

[# was gibt es Schöneres, als die Augen zu schließen]

was gibt es Schöneres, als die Augen zu schließen
  und, dass hinter die Augenlider schauen
zu mit leicht erhobenem Haupt wie die Sphinx
    in den Karpaten
  die endlosen Entfernungen absuchend

eine Sphinx ohne Augen, aber nicht blind
der Tag neigt sich dem Ende zu
und nachts hinter den Augenlidern
ist intensiver beleuchtet
als die Hängelampe
  über meinen Hügel
  mitten am Tag

[# ich weiß nicht, ob du wahrhaft bist]

ich weiß nicht ob du wahrhaft bist
        oder nur erfunden
ich übertrug dein Bild in mein Herz
ich und mein Bild sind die gleiche Einheit
        die dich liebt

ich weiß wer dich umarmt hat
ich weiß wer dich mehr liebt
ich weiß wer dir Wiesenblumen bringt
ich weiß wer dich küsst
wenn dich küsst oder dein Bild küsst
die Wiesenblumen sind das Bild der Wiesenblumen
ich habe sie für dich im Pflaumengarten gepflückt
und aus meinem Hirn voll deiner Bilder

[# die Bäume sind wie tanzende Bräute]

die Bäume sind wie tanzende Bräute
    am Waldrand
auf dem Hügel von dem ich nicht weggehen möchte,
die Bräute Platzt anstelle des Schnees
der Schnee sieht aus wie Bücher mit weißen
Einbänden mit leeren weißen Seiten
    Zeichen einer verschwundenen Bibliothek

[# ich kam zu ihm auf besuch]

ich kam zu ihm auf besuch
        so wie wir es vereinbart hatten
das Tor öffnete mir jedoch der Tod
der Tod öffnete mir auch den Hof
auch den Garten mit Schneebaumblumen
        auch der Tod öffnete mir auch
die Tür des Hauses
        wo die Wände Büchermauern haben
        berührt von seinem sanften Blick
        ebenso öffnete er mir
sein Zimmer
        wo die Gletscherburgen sich erhoben
        auch der Tod öffnete es für mich

der Tod der verkleidete Tod
        in seiner besten Form
der mit weißen Kirschblüten bedeckter

[# Moz zeigt sich nicht mehr]

Moz zeigt sich nicht mehr
        am Fenster und nicht im Traum
nicht mal auf dem Gras im Hof
noch in den Jasmin Sträuchern

seitdem du dich auf die grünen Groschen
        der Seerosen hingelegt hast

[# was könnte großartiger sein als]

was könnte großartiger sein als
        alle Fotos aus dem Internet
        wo deine Augen sich endlos vermehren?
ich werde die App mit dem Buchstaben i fortsetzen,
        die die Meereswellen imitiert
weil ich möchte in dir schlafen
in deinen vervielfachten Augen

[# vielleicht ist es Magie]

vielleicht ist es Magie
dich von Moz zu entfernen
        als würdest weiterlaufen
auf einem Hügel wo alle Menschen verschwanden
du denkt es sei eine riesige Stadt
alle Autos
        blieben stehen
um Moz vorbeizulassen
        auf dem Parkplatz des großen Marktes

[# Brianna jetzt könnte ich erkennen]

Brianna jetzt konnte ich erkennen den Flur
        aus dem die virtuellen Astronauten kamen
der Flur verlief durch dein rotes Haar
ich hätte sagen können es sei ein Mythos
ich dachte die Mythen seien Überbleibsel
        von deinem roten Haaren
        in dem die Astronauten
        erstarrten wie die Fische im Netz
die Astronauten kamen aus dem Internetgewölbe
dort schneide ich mir leckeren Fantasiescheiben
ich schnitt jene weichen Früchte
doch die Scheiben glichen den Astronauten
es waren nicht Kakis, Mangos oder Aprikosen
aber die Scheiben hatten die Form jener
        Astronauten auf Bucegi[4] gestartet
wie die sagen würden, dass wir
        im Land der größten Geheimnisse leben

---

[4] Das **Bucegi-Gebirge** (deutsch *Butschetsch*-Gebirge bzw. der
Butschetsch, rumänisch *Munții Bucegi* liegt südlich der Stadt *Brașov*
(Kronstadt) am östlichen Rand der *Südkarpaten* in Rumänien.

Inhalt

II. jenseits des Landschafstrandes

III. Eingeloggt

Călin Vlasie
Virtuell
Buch 1: Eingeloggt
Herausgegeben und übersetzt von **Christian W. Schenk**
ISBN: 9798879269567
DIONYSOS – 2024 Boppard am Rhein

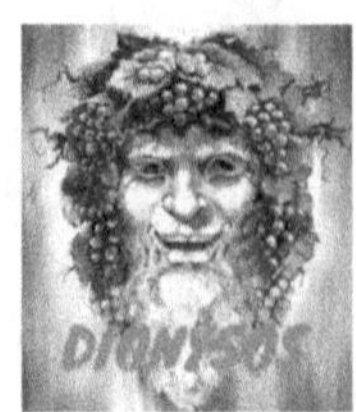